Gundula Ruthenberg

Der Kettenraucher

illustriert von
Thomas Schallnau

Altberliner Verlag

In einer Stadt, in einer der vielen Straßen, gab es ein Haus. Ein Haus wie andere auch. Es hatte eine Treppe, einen Keller, einen Boden, vier Wohnungen für einen, zwei, drei oder vier Menschen. Nur eins an dem Haus war ungewöhnlich. Wenn man auf den Hof des Hauses ging (entschuldigt bitte, den Hof habe ich vergessen aufzuzählen, gerade weil das Haus wie viele andere war) und hochguckte, sah man vor einem Fenster ein Trockengestell, das voller Ketten hing. Mancher wird sagen, was ist denn dabei! Viele Menschen haben einen Tick, der hinter diesem Fenster eben auch. Gut, das war aber kein gewöhnli-

cher Tick mehr, das war eine Krankheit, die Krankheit eines armen, alten Mannes, der oft an dem besagten Fenster saß, eine Pfeife rauchend. Sicher gibt es Tausende von Pfeife rauchenden Männern. Bloß dieser hier rauchte statt Tabak nur Ketten. Und je älter er wurde, je mehr brauchte er davon. Anfangs kaufte er sich hin und wieder eine Kette.

Aber so allmählich ging das aufs Geld. Das viele Kettenrauchen begann auch aufzufallen, und die Leute drehten sich schon nach ihm um. Immer, wenn ihm jemand nachguckte, bekam der Mann einen roten Kopf, so schämte er sich. Es passierte sogar, daß die Leute seinen Kopf mit einer Tomate oder einem überreifen Apfel verwechselten.

Also, der Mann saß am Fenster, paffte und blickte mißmutig in die Welt. Sobald eine Kette aufgeraucht war, nahm er die nächste vom Wäschetrockner. Mit der Zeit wurde der Wäschetrockner leerer und leerer. Der Mann unterbrach das Rauchen nur, wenn er auf die Toilette mußte. Um Ketten zu sparen, versuchte er, recht lange dort zu bleiben, aber die Ketten zogen ihn magnetisch ans Fenster zurück. Oft rauchte er die ganze Nacht hindurch.

Eines Morgens stellte der arme Mann entsetzt fest, daß keine einzige Kette mehr an dem Trockner hing, nicht mal ein Krümelchen Kette. Vor Kummer darüber und erschöpft vom nächtlichen Rauchen, sank er zusammen. Weil kein Rauch mehr an ihrem Fenster vorbeizog, kam Frau Igittoweh, die Nachbarin, herübergelaufen, um zu schauen, was los war. Sie schleppte den Mann aufs Sofa, gab ihm zu essen und sang ihn in den Schlaf.

Als er am nächsten Morgen erwachte, war auch die Pfeife verschwunden. Sein erster Gedanke: Frau Igittoweh! Überall muß sie ihre Finger im Spiel haben. Was konnte er schon unternehmen gegen dieses dicke Weib.
Zum Glück war voriges Jahr erst seine uralte Tante gestorben und hatte ihm eine Menge Geld vererbt. Den größten Teil davon hatte er bereits ausgegeben, aber ein kleiner Rest mußte noch übrig sein.

Es reichte gerade für eine billige Pfeife und drei Ketten. Was sind schon drei Ketten!
Der Mann mußte sich unbedingt etwas einfallen lassen. Ich gehe spazieren, sagte er sich, das ist gut, wenn man überlegen muß. In einem Pfeifenladen wählte er eine billige und schöne Pfeife aus.

Nebenan, im Schmuckladen, mußte er erst lange Schlange stehen. Dann kam zu allem Unglück auch noch heraus, daß es zur Zeit keine Halsketten gab. Der Mann ging traurig und mit gesenktem Kopf wieder weg. Wie immer folgten ihm auch diesmal viele Blicke, doch sie waren voller Mitleid, denn die meisten Leute vermuteten, er habe die Ketten kaufen wollen, um sie seiner Frau zu schenken.

Ganz früher hatte der arme, alte Mann einmal eine Frau gehabt.

Das war schon so lange her, daß er sich nicht mehr erinnern konnte. Wenn er ihr auf der Straße begegnete, und die Frau grüßte ihn, nickte er freundlich zurück und zerbrach sich den Kopf, wer das wohl eben war. Ja, so ist das nun mal.

Tief in Gedanken versunken, lief der Mann weiter. Er grübelte hin und her, was er wohl tun könnte. Einmal schaute er auf, und siehe da, eine schwere goldene Kette baumelte direkt vor seiner Nase.

Er ließ die Augen noch zwanzig Zentimeter weiter nach oben wandern und erblickte ein rundes, zufriedenes Gesicht. Die Frau, der es gehörte, schlief wahrscheinlich. Nun erst bemerkte der Mann, daß er in einer Straßenbahn saß. Die Kette schaukelte verführerisch auf und ab. Da tat der Mann etwas, was er sich unter normalen Umständen nie getraut hätte. Er riß der Frau einfach die Kette vom Hals und stopfte sie in seine Pfeife. Gierig fing er an zu rauchen. Die Frau seufzte bloß einmal, dann schnarchte sie weiter. Plötzlich aber sprang sie auf und griff sich erschrokken unters Kinn. Sie schrie laut los: »Diebe! Hilfe, meine Kette!« Der Mann sah sie verwundert an und

sagte sanft zu ihr: »Na, so was! Wer macht denn so was!« Er hatte vollkommen vergessen, daß er die Kette gerade geraucht hatte. Die Leute in dem Abteil begaben sich auf die Suche nach der Kette, aber die Frau saß einfach nur da und jammerte herzzerreißend. Das wurde dem Mann zuviel, und er stieg aus. Nahe der Haltestelle lehnte an einer Hauswand ein neues grünes Fahrrad. Zum erstenmal in seinem Leben fiel dem Mann auf, daß ein Fahrrad eine Kette hat. Vorsichtig sah er sich um und riß die Kette ab. Sie schmeckte vorzüglich, weil sie frisch geölt war.

Ein paar Tage lang mauste er Ketten, wo immer sich eine Gelegenheit bot. Geschickt entwendete er sie Omas und vornehmen Damen. Struppige Wachhunde befreite er ebenso von ihren Ketten wie Fahrräder.

1
TS 3-85

Klempner erleichterte der Mann um ihre Werkzeug-
taschen.
Er knackte Garagen und entkam mit den Schneeketten. Die berühmte Waffensammlung des Museums vermißte über Nacht drei mittelalterliche Kettenhemden. Kurz, keine Kette war mehr sicher vor ihm.

»Der Kettenraucher hat wieder zugeschlagen«, flüsterten sich die Einheimischen entsetzt zu und trugen keine Ketten mehr.

Der Kettenraucher wurde von Tag zu Tag frecher. Die Leute begannen, die Vorfälle der Polizei zu melden. Die dachte, man wolle sie auf die Schippe nehmen. Doch eines wunderschönen Mittwochnachmittags stürmte schreiend ein Wachtmeister das Revier.

»Der Ketten... ph, der Kettenraucher..., er kam ... ha, wie furchtbar... Er fiel über mich her, riß mein Fahrrad um, die Kette runter ... und ... ph, ph ... ab damit in die Pfeife... Ha, er muß ganz wild gewesen sein auf Kettenrauch! Plötzlich fiel ihm auch noch ein, mich zu durchsuchen, und er fand ..., oh..., hu ..., ph..., mein schönes, altes Stück, die Uhrkette...

Die Uhr rauchte er gleich mit. Dann rannte er los und verschwand im Qualm seiner schrecklichen Pfeife. Konnte ich ihm denn nachjagen, ohne Uhr, auf einem Fahrrad ohne Kette?«

Als der Wachtmeister, der eigentlich frei gehabt hatte, mit seinem Bericht fertig war, fiel er in eine so tiefe Ohnmacht, daß er erst zwei Wochen später im Krankenhaus wieder aufwachte.

Jetzt war die Polizei nicht mehr zu bremsen. Jedem Anruf ging sie nach, suchte, sichtete, verfolgte den armen, alten Mann. Aber jedesmal entwischte er ihnen. An einem Sonntagmorgen, er nahm gerade mit großem Appetit einen Bagger auseinander, um an die breiten, öligen Ketten heranzukommen, hatte die Polizei wirklich Glück.

Die Männer umkreisten den Kettenraucher, schlichen sich von allen Seiten an und fingen ihn ein. Zu sehr hatte er auf den Sonntag vertraut und nicht rechtzeitig bemerkt, daß er doch nicht allein war. Er wurde in eine Zelle gesperrt, ohne ein einziges Stückchen Kette als Proviant.

Am nächsten Tag war Gerichtsverhandlung. Im Saal saßen die vielen Kettengeschädigten, Fräuleins, Rentnerinnen, Klempner, die Hunde- und die Autogaragenbesitzer und natürlich die Damen von der Aufsicht des Museums. Es fing ganz vornehm an, fast feierlich. Aber leider trug der Richter eine Riesenkette mit Uhr über dem Talar. Der alte Mann, der die ganze Nacht gefastet hatte, konnte sich nicht beherrschen. Plötzlich sprang er auf den Richter zu und riß ihm die Kette ab. Daraufhin wurde er mit Handschellen gefesselt.

Der Richter, in seiner Würde gekränkt, klagte den Mann bitter an. Viele hundert Menschen habe er beraubt. Mindestens siebzig Fahrräder rosteten ketten-

los dahin. Scharfe Wachhunde streunten frei herum und hielten die Bevölkerung in Angst und Schrecken. Acht Planierraupen habe er auf dem Gewissen. Fünf Bagger seien total hinüber und die wertvollen Kettenhemden, einst der Stolz des Museums, der ganzen Menschheit für immer verloren. Entstanden sei ein Sachschaden von ..., hm, ja ... Also von Millionen.

Zu drei Jahren Gefängnis wurde der arme, alte Mann verdonnert. Schadenersatz sollte er auch zahlen. Am Ende der Haft wollte man ihn zu einer Entwöhnungskur schicken.
Der Mann wurde abgeführt und in Ketten gelegt. Aber so schlau Polizei und Gericht auch waren, sie hatten vergessen, ihm die Pfeife und die Streichhölzer wegzunehmen.

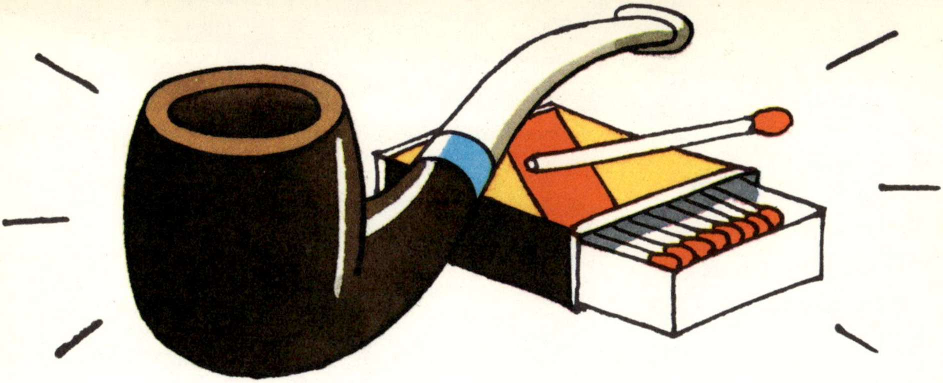

Im Gefängnis betrachtete der Mann liebevoll die eisernen Ketten an seinen Füßen. Er erzählte ihnen alles, warum er hier war und wie es draußen in der Welt aussah. Ihr wundert euch, daß er mit den Ketten sprechen konnte? Tja, er war eben ein vollendeter Kettenraucher, deshalb verstand er auch die Sprache der Ketten. Wie er so redete und redete, kam ihm auf einmal eine großartige Idee, er verstummte vor Staunen über sie. Die Ketten fragten: »Hast du was? Ist dir schlecht?«
»Nein, nein«, antwortete der Mann. »Aber ich habe eine tolle Idee. Bloß ihr müßtet auch euren Teil dazu beitragen. Würdet ihr mitmachen, wenn ich meine Pfeife anzünde, euch so nach und nach reinstecke und aufrauche?«
Vor Begeisterung rasselten die Ketten so laut, daß der Mann Mühe hatte, zu hören, was sie dabei sagten: » O ja, toll, dann sind wir endlich frei!«
Der Mann machte sich ans Rauchen.

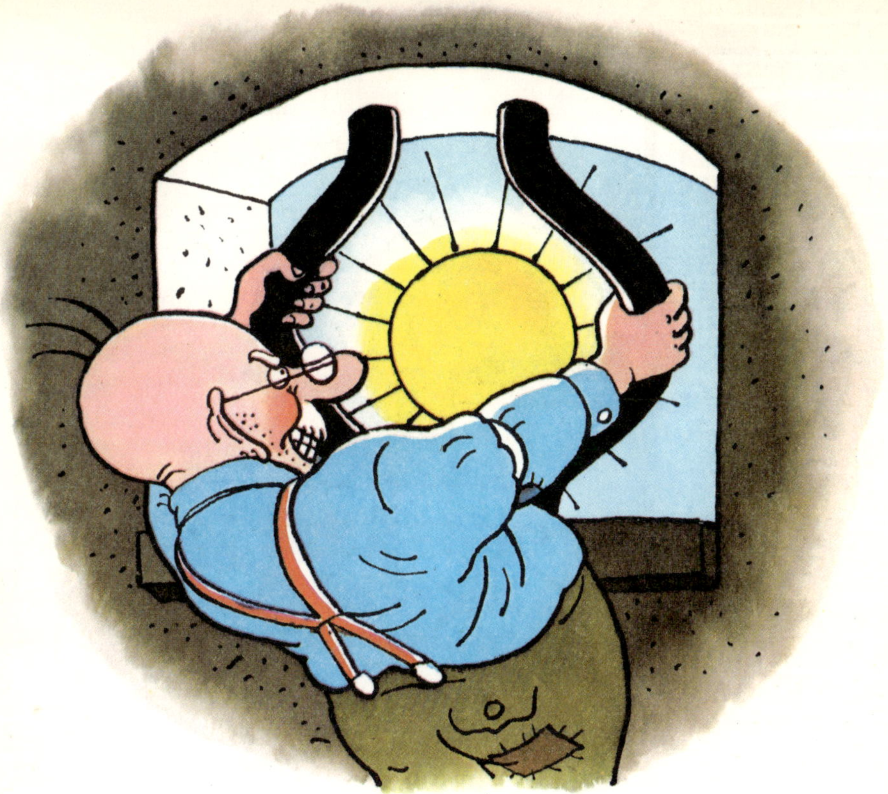

Nach zwei Tagen, vier Stunden, fünf Minuten und zwölf Sekunden war er fertig mit allen seinen Ketten. Doch jetzt bemerkte er, wie dick die Gitter vor den Fenstern waren.

»Komm hier durch, es ist ganz einfach. Wir sind frei ...«, rief von draußen der Rauch der Ketten. Erst laut, dann immer leiser. Schließlich verschwand er.

Das Kettenrauchen hatte den Mann so gestärkt, daß es ihm mit einiger Kraftanstrengung gelang, die Gitterstäbe auseinanderzubiegen.

Blitzschnell glitt er den Blitzableiter hinab. Als die Wachen ihn unten aufhalten wollten, brauchte er sie bloß kurz anzuhauchen, und sie fielen betäubt um. Endlich wieder zu Haus, machte er es sich erst mal gemütlich. Bald sah Frau Igittoweh an ihrem Fenster

wieder Rauchwolken vorbeiziehen, denn sie hatte dem Mann zur Begrüßung ihre schöne blaue Glasperlenkette geschenkt.

Die Moral der Geschichte?

Erstens: Werde niemals Kettenraucher, denn dann läuft dir deine Frau weg, und du erkennst sie auf der Straße nicht wieder.

Zweitens: Du ziehst dir einen schlechten Ruf zu.

Drittens: Unter Umständen könntest du eingesperrt werden. Und du hast nicht immer die Gelegenheit, die Ketten aufzurauchen, denn die Polizei ist jetzt noch schlauer als zuvor.

1. Auflage · Lizenznummer 369–110/44/86 · © Altberliner Verlag, Berlin 1986
Herstellung: Druckerei Phönix, Berlin
785 652 7 00440

4,40
Altberliner Verlag
MINI POSTER

Gundula Ruthenberg

Der Kettenraucher

Illustrationen
von Thomas Schallnau

Rauchen ist schädlich, Kettenrauchen besonders. Doch unser Held raucht statt des Tabaks richtige Ketten. Und weil er nicht genug davon bekommen kann, muß er von überallher Nachschub organisieren. Fahrradketten, Schneeketten, sogar Kettenhemden wandern in seine Pfeife. Das geht nicht gut, wie man sich leicht vorstellen kann. Ein vierzehnjähriges Mädchen hat sich diese Nonsensgeschichte ausgedacht.